U0866569

蘑菇说 木耳听

张执浩 著

武汉出版社

（鄂）新登字 08 号

图书在版编目（CIP）数据

蘑菇说，木耳听 / 张执浩著 . — 武汉 : 武汉出版社 , 2022.3
ISBN 978-7-5582-5155-9

Ⅰ . ①蘑…　Ⅱ . ①张…　Ⅲ . ①诗集 - 中国 - 当代
Ⅳ . ① I227

中国版本图书馆 CIP 数据核字（2022）第 036971 号

蘑菇说，木耳听
MOGU SHUO, MU'ER TING

著　　者：张执浩
责任编辑：刘从康
执行编辑：郑　建
书籍设计：祁泽娟
内文插画：许　祺
出　　版：武汉出版社
社　　址：武汉市江岸区兴业路 136 号　　邮　　编：430014
电　　话：（027）85606403　　85600625
http://www.whcbs.com　　E-mail: whcbszbs@163.com
印　　刷：武汉精一佳印刷有限公司　　经　　销：新华书店
开　　本：880 mm × 1230 mm　　1/32
印　　张：4.5　　字　　数：65.2 千字
版　　次：2022 年 3 月第 1 版　　2022 年 3 月第 1 次印刷
定　　价：38.00 元

版权所有 · 翻印必究
如有质量问题，由本社负责调换。

关注阅读武汉
共享武汉阅读

目　录

多少片树叶动了树枝才会动

公路两旁的小白杨在记忆中
总是沙沙作响，在记忆中
那些叶片好像永不消停
平原上的风吹过平原
速度一天比一天快了
而我已经能够慢下来
长时间盯着路边的白杨树
它的枝头只剩下了三片叶子
它们孤零零的
一动不动地挂在空中
仿佛已经离开了这棵树
仿佛是这棵树的临终遗言

红糖与油条

再过一座松林就到外婆家了
再往前走一段路就能看见
堰塘，菜地和一树梨花
再坚持一会儿夕阳就落山了
湿透的衣服就能被风晾干
好像从来没有怕过鬼
再小跑几步就会听见狗叫
一条花狗堵在三岔路口
再让它嗅一嗅五岁的你吧
你身上有红糖和油条的气味
再让这气味在遥远的年代
多飘荡一会儿

我看见人群散尽的街心
小女孩和一只通红的苹果，和
弥漫如雾的香气

停留在一个偶然的早晨
短暂的混乱，接着是
无边无际的痴迷

撒落的苹果

苹果撒落一地，在街心
稠密的人群纷纷躲避
这突如其来的香气，车也停了下来

我看见那只浑圆的苹果一直滚
到了那个小女孩的面前，仿佛
是苹果在寻找它的真实主人

短暂的混乱，接着是秩序
而小女孩在这一瞬之间
众目睽睽

她是美丽的，有一张八月的苹果脸
红晕，令人很容易想到甜蜜，和
生活的原汁原味

牧鸭女

你是有蹼的，吵闹的，群居者
你是下游的一部分
春天下了细雨，你是潮湿的
漫无边际的流水
消瘦的肩膀朝向天门
你是倾斜的，内敛的，小人儿
你的鸭群梗着脖子
上溯一千米，便是银河
平原是浑浊的，而你带来了清澈
太阳下眯眼睛的人，合不拢嘴的人
刚斗完地主，又要去拔稗子
那一年，我是下中农的儿子
我养鹭鸶、乌龟和鳝鱼
夏天到了，我睡在野枣树下

天上飞过小飞机

鸭毛铺满大地

你是有翅膀的，可是你从来不炫耀它们

我还是喜欢你明亮的样子

我还是喜欢你明亮的样子
你在子宫里的样子
我还是喜欢你母亲孕育你的
样子，人群闪避，草坡平缓
的样子；我还是喜欢她
恋爱的样子
背转身去接电话
拆信时迫不及待的样子
我还是喜欢
那样，那时候
空气天真，你无所不能

仿《枕草子》

鸟鸣是春天的好听，尤其是
第二场春雨后
清晨，大多数人还在熟睡
你也在黑暗中
凭声音去猜测鸟的身份很有意思
彩鹬，鹊鸲，乌灰鸫，黄腰柳莺……
水杉高过了屋顶
水杉之上还有其他事物
若是从空中往下看
即便看不清，那些摇摆着的
嫩枝也一定有趣
那些还没有来得及掉落的叶子
哀求着的生命
是很有意味的

无　题

花一样的蝴蝶落在了蝴蝶一样的花上
起风的时候，蝴蝶不动
风停了，蝴蝶扇动翅膀

如果根茎能说话

如果根茎能说话
它会先说黑暗，再说光明
它会告诉你：黑暗中没有国家
光明中不分你我
这里是潮湿的，那里干燥
蚯蚓穿过一座孤坟大概需要半生
而蚂蚁爬上树顶只是为了一片叶芽
如果根茎能说话
它会说地下比地上好
死去的母亲仍然活着
今年她十一岁了
十一年来我只见过一次她
如果根茎继续说
它会说到我小时候曾坐在树下
拿一把铲子，对着地球
轻轻地挖

扳手腕

每一张台面上都有
一对扳手腕的人
每一只手腕都经历过
压迫，抵抗，反转或放弃
当我意识到台面已经撤走
悬在空中的手臂
依然青筋毕暴
依然是这样——我们
拉开了拔河的架势
其实是为了
把自己送入对方的怀抱

高原上的野花

我愿意为任何人生养如此众多的小美女
我愿意将我的祖国搬迁到
这里，在这里，我愿意
做一个永不愤世嫉俗的人
像那条来历不明的小溪
我愿意终日涕泪横流，以此表达
我真的愿意
做一个披头散发的老父亲

初　霁

雨后镜面清朗
四月疏密有致
我醒来在颗粒感极强的鸟鸣声中
那是谷雨
这是布谷
我把嗫嚅换成了嘀咕

给顶儿

爸爸累了
爸爸醉了
爸爸睡了
爸爸很乖
明早醒来
还是爸爸
若有来世
还有爸爸

纪　实

拎一只腊猪蹄去菜市
请最好看的肉案女剁成块状
买一块豆腐一把韭菜回来
毛毛雨在中途落下
背书包的父母
磨蹭着不肯回家的小人儿
是否不过马路就能我行我素
路过读书院的时候我低头
看了一眼自己，我看见我
拎着四种颜色的塑料袋
走在五颜六色的人群中
而人群不过是不断溃堤的防波堤

旧时光

埋头吃草的牛
吃着吃着就翻过了
半阴半阳的山坡
最后一眼看它的人
也消逝在了芝麻地尽头
玩弹珠的孩子弹珠一样
蹦跳在彩色的山坳间
黄昏已然降临
远去的牛铃声在远去
远去的呼唤声
却越来越清晰

墙边草

墙边草活在它去年死去的地方
和去年一样，那几缕绿
和去年一样，我蹲下来
查看墙缝，又站起来往前走
墙边草原地踏步
在光秃秃的角落强颜欢笑
和去年一样
它不会长得太高
也不会长得太久
如果太辛苦，它就去死
等来生再试试

星期天的雪

星期天的雪
星期一化一点
星期二化一点
到了星期三还没有化完
太阳出来了
照着星期四的屋顶
月亮出来了
挂在星期五的山头
星期六一整天都在泥泞中
傍晚红霞满天
半夜树枝折断
星期天的早晨大雪覆满门径
人世安静莫过于雪落无声
你在天光下沉睡
你梦见了给你温暖的人

补丁颂

我有一条穿过的裤子
堆放在记忆的抽屉里
上面落满了各种形状的补丁
那也是我长兄穿过的裤子
属于我的圆形叠加在他的方形上
但仍然有漏洞，仍然有风
从那里吹到了这里
我有一根针还有一根线
我有一块布片，来自于另外
一条裤子，一条无形的裤子
它的颜色可以随心所欲
母亲把顶针套在指头上时
我已经为她穿好了针线
我曾是她殷勤的小儿子
不像现在，只能愧疚地坐在远处
怅望着清明这块补丁

椭圆形的天空上贴着菱形的云
长方形的大地上有你见过的斑斓和褴褛
我把顶针取下来，与戒指放在一起
贫穷和幸福留下的箍痕
看上去多么相似

北　斗

雾霾散了
星空又回到了天上
我回到昨晚喝汤的桌边
一把勺子还搁在那儿
碗里的汤圆看样子很好吃
美好的生活总伴随着这样的
画外音：“我爱你，我爱你……”
而回声要在多年以后才能从天际传来

苦瓜鸟之夏

我从来没有真正见过苦瓜鸟
但一到夏天
耳朵里满是它的叫声：
“苦啊苦啊，苦啊苦啊，苦……”
在蓬松的正午，潦草的田间
一只苦瓜鸟单调地叫唤着
加剧了生活的不幸
父亲戴上草帽出门，鸟声戛然而止
我蹲在槐树下数太阳花
苦瓜鸟又叫了起来
这时候，母亲
正挽着竹篮走出菜园
篮子里有豇豆，青椒和丝瓜
那时候我讨厌吃苦瓜
那时候我母亲还活着，父亲也没有想到
他会孤寡地活到现在

空欢喜

左边有水杉
右边是樟木
晨光临近了
我乐在其中
我乐于靠在枕头上
怀抱另外一个枕头
想象你也是这样
扭头看着窗外的春风
一会儿蹑手蹑脚
一会儿探头探脑
如果我们都不看它
它就会使劲地
摇晃树梢直到
把一只鸟摇下天空

忠　告

你要坚持做一个不雅的人
沉醉在你一个人的感官世界中
你要常常想起记忆里的那个孩子
一边吮吸母乳，一边警觉地
留意着试图凑近的人，蹬踢他们
用哭喊声喝止那些爱抚你的人
贪婪，自私——你要这样
长久地保持哺乳动物残余的本性
你要总以为这个世界能被你含在嘴里
至少有一部分能这样
给予你甘甜和回味时的颤栗

翠鸟的一天

河面上有一层白雾
太阳光顾岩子河半晌了
还没有散开
翠鸟站在河沿边光秃秃的野枣枝上
像一颗意外的野枣
随时准备弹向更意外的地方
从前的小河流着流着
变成了一座水库
那些清粼粼的时光仿佛不曾有过一样
但翠鸟能证明这世上并不存在幻像
它贴近水面一遍遍疾飞
就像当年站在岸边打水漂的少年
从早到晚都在努力
将一片片石头送过
越来越宽阔的河面

雨　后

蘑菇们单腿直立在松树下
地衣铺在草丛中
雷电劈下的枝头松油晶亮
松针黄，松针青
乌云的上头白云翻滚
乌云的下面
白色的炊烟不愿抬高自己

姐 姐

我二姐曾经给我做过一双鞋垫
纯棉的，手工的，绣花的
上面绣着：一路平安
这是在二十多年前，我的脚
已经停止生长
我穿上它走了很多年
鞋子换了数双
鞋垫也早已磨穿
我记得最后一次见到它
是在去喀纳斯的路上
坐在白哈巴的一座山顶
我一边看晚霞
一边脱下鞋子磕着沙子
鞋垫掉了出来，但只是
几块彩色的布片
这件事我从来没有对人讲过

有时我在路上走

总感觉有人在身后叫我

手里也举着这样一双鞋垫

也像当年二姐那样

站在每一条道路的起点

萤火虫研究

那些在树丛中一闪一灭的灯火好看极了

那些闪的光

那些灭的光

那些好看极了的光

好看极了

我已经多年没有再见过

那些被装在罐头瓶子里面的光

那些被捉放进蚊帐里面的光

它们从黑暗内部发出

告知黑暗的边界有多辽阔

没有哪一处人间有这样的万家灯火

在日落之后

在寂静的田间和溪边

没有人告诉过我

在黑暗中它们的需要

而我需要发光的腹部

我需要把搜集来的光投射到你那里

早　安

水杉长出了新近的枝条
天阴着，依然亮了
我在鸟鸣声中醒来回味
刚刚结束的那个梦
死去的母亲抱着我的头在哭
哦　妈妈
这将是美好的一天
我还有时间纠正错误

无穷小

藕簪上一动不动的绿豆娘
荷叶顶部慌不择路的白露珠
莲花苞在清晨泛出的第一抹艳红
我见过的最不忍心描述的生活
是这种生死同穴的场所——
因为饥饿，我把手伸进了瓦檐下的鸟窝
因为紧张，我把温热的麻雀蛋都捏碎了
树影摇晃，麻雀们在议论
我腥黄的指头上缠绕着的猩红

白芝麻，黑芝麻

白芝麻比黑芝麻香
黑芝麻比白芝麻有营养
当你把它们拌在一起时
为什么我总是想
把黑芝麻从白芝麻里挑出来
把白芝麻从黑芝麻中捡出去

给稻草人换衣服

稻草人的衣服一年换一次
我现在穿短袖了
他还穿着棉袄
（那是谁的烂棉袄？）
我现在拿着一把蒲扇一根竹竿
等会儿它们将出现在稻草人的手上
热风推着热浪
稻田青，麦田黄
稻草人身子前倾
歪斜的手臂上停着一只麻雀
大地安静，没有人
在午后像我一样不安地走动
没有人相信我能
把一件少年的海魂衫套进他的肩膀
蜻蜓在我身前飞
更多的蜻蜓飞在我左右

我看见稻草人立定在田头
他一定听见我的脚步声
分开了喜悦的茅草

树　巅

仙女山与岩子河之间有一棵柳树
从前就很高
现在还在长
从前我坐在山顶上看一些大鸟
在树杈间争吵
直到深冬，光秃秃的树巅上
只剩下一只鸟巢
一只用无数根树枝编织的鸟巢
架设在三根枝桠之间
喜鹊和乌鸦都曾入住
现在我在河边又看见了它
树巅沉浸在水底
鸟巢如墨，要在河水里浸泡很久
才能挥发开来
而那时，天已经黑透了
柳树还在长

三根枝椏抬着一顶黑轿子
在空中慢慢地走

日落之后

日落之后还有很长一段路要走
父亲坐在台阶上
背着慢慢变幻的光
他已经戒烟了，现在又戒了酒
再也没有令他激动的事物
落入池塘的草木填满了池塘
落入鱼篓的鱼安静了认命了
风走在公路上，这是晚风
追着一张纸在跑
路过的少年将捡到
另外一个少年的故事
关于贫穷、成长，关于孤独
再也没有忍受不了的生活
如果我也能够像他这样
在黑暗中独自活到天亮

昨天晚上到底有没有下过雨

送我春笋的人忘了带走斗笠
我隐约记得他谈起过
昨晚的雷鸣
庭院安静，树枝对称着长
每一个分叉的地方
都给阳光预留了穿梭的间隙
一个人一个晚上
究竟做几个梦合适
我使劲地想啊想
春笋靠着斗笠
我靠回忆活在这里

写诗是……

写诗是干一件你从来没有干过的活
工具是现成的，你以前都见过
写诗是小儿初见棺木，他不知道
这么笨拙的木头有什么用
女孩子们在大榕树下荡秋千
女人们把毛线缠绕在两膝之间
写诗是你一个人爬上跷跷板
那一端坐着一个看不见的大家伙
写诗是囚犯放风的时间到了
天地一窟窿，烈日当头照
写诗是五岁那年我随我哥哥去抓乌龟
他用一根铁钩从泥洞里掏出了一团蛇
我至今还记得我的尖叫声
写诗是记忆里的尖叫和回忆时的心跳

秋日即景

原野扁平。穿夹袄的妇女边走边解纽扣
婴儿的啼哭声越来越近了
她终于跑动起来，夸张的双臂
蛮横地抽打空气。阳光明艳，照见
这个一清二白的下午
一群觅食的雏鸡走出竹园
一头猪獾在红薯地里刨出碎骨一堆
最后几片柏桦树叶掉下来了
一只蝉壳落在脚边
我连退数步，回到儿时
那时，我也有妈妈
那时，我正含着一颗咸乳头，斜视秋阳
热浪掠过胎毛
并让我隐秘的胎记微微颤栗

我的土豆树

——给易羊

每年春天我都会

把多余的土豆埋进花盆

自从我见过你的土豆树之后

自从你的树枯萎

每年的这个季节我都会

把剩下的当成是多余的

多余的生命又发了芽

多余的爱还在泥土下抓挠

死亡并不存在

如你所说

如我所愿

土豆树今天又长高了

土豆树明年还会继续长

我们坐在树下

谈一谈消逝

谈一谈久别重逢

欢迎来到岩子河

起风了

来了一些水花

先前站立不动的鱼漂

现在慌张不已

埋头吃草的牛

走下河堤

一个清晨就出现在对岸的男人

现在清理鱼篓

看样子收获不大

阳光没有变化

但晒太阳的人挪了挪位置

公路上的车倒是多了起来

它们一辆比一辆慢

最后陆续停下

在一阵鸡飞狗跳声中

风也停了

静悄悄的河面上一只水鸭

在静悄悄地划

腌鱼在滴水

腌鱼在滴水
在白色的冒着热气的阳光下
一排腌鱼都在滴水
水滴由快到慢
由清到浊
最后一滴从鱼眼深处滑出
经由鱼鳍，到达鱼尾
凝聚了一条鱼
最后一点力气
此时落日已被大地吸纳
晚风拉扯着
一旁跳荡的晾衣绳
绳子上挂着粘满了鱼鳞的棉衣
棉衣开始很重，后来很轻

糖　纸

我见过糖纸后面的小女孩
有一双甜蜜的大眼睛
我注意到这两颗糖：真诚和纯洁

我为那些坐在阳光里吃糖的
孩子而欣慰，她们的甜蜜
是全人类的甜蜜
是对一切劳动的总结
肯定，和赞美

镶嵌在生命中，像
星星深陷于我们崇拜的浩空

像岁月流尽我们的汗水，只留下
生活的原汁原味

我注意到糖纸后面的小女孩
在梦中长大成人
在甜蜜波及到的梦中
认识喜悦
认清甘蔗林里的亲人
认定糖纸上蜜蜂憩落的花蕊，就是
我们的故居

我在糖纸上写下你的名字：小女孩
并幻想一首终极的诗歌
替我生养全人类最美丽的女婴

烟花表演

回老家的山坡上找
一种叫柞木的树兜
用老家的洋镐把它刨出来
放在太阳下暴晒
如果父亲还活着
他会一如既往
在岁末的星空下等我
他会把火钳递到我手上
让我敲打燃烧的树兜
噼啪作响的烟花在空中飞舞
那是我见过的
最灿烂的夜空
当我在记忆中使劲敲打
残存的木头隐约可见

灰烬中的父亲一明一灭

明的时候山河屈指可数

灭的时候世界漆黑

我也深陷其中

暮色中

我父亲在暮色中走来走去
他总是最后一个走进家门的人
除了背影，我几乎认不出他
当他日益佝偻，一大早
就坐在屋檐下等候天黑
我更加认不出他了
有时我也拉一把凳子在他对面坐下
仔细看他
像一个孩子讪笑着
粗糙的手掌搭在膝盖上
仿佛被人推进了照相馆
有些委屈，不好意思

阳光真好

洗净的衣服拧干后
要在空中抖开
一个人能干的活无需两个人合作
我在树阴下睡觉
阳光真好
只晒那些需要晒的
妈妈你真好
不把床单洗干净你不会叫醒我
而当我醒来
我会像泥鳅一样灵活
抓紧床单的一角
旋转着身体，使劲拧
你在那一头咯咯地笑
我在这一头越拧越起劲
到现在仍然不肯松手

最好的时光

最好的时光是在早春的清晨
将醒未醒之间
身边的人起身离去
家里的人梳洗完毕
屋子在“咣当”一声之后悬在了空中
我在背后加上一个枕垫
我在梦过以后为梦续尾
花开花的
叶绿叶的
我想我的
最好的时光就在你浮现的瞬间
坐在户外石凳上的少女
被花爱上了
被绿叶簇拥着
一想到不想成人，她就激动不已

小鸟在干什么

做一个快活的人只需做到心无旁骛
小鸟从树上下来
在洒满秋阳的场院里走动
不停地对着大地点头
做一个快活的人也要像小鸟那样
偶尔忘记人类的面貌
忘掉我也有翅膀我也有过
无法把翅膀快速收拢的悲伤

蛾眉豆

我买到了蛾眉豆
这让我满心欢喜
蛾眉豆
这么好听的名字
我都不好意思说出口
因为她
我离你又近了许多

消息树

去山顶上挖一个坑
先栽野枣，后种毛桃
再后来还种过什么
现在山顶上长满了望子草
野风吹过野山坡
我从野外归来
我要把好消息带给死去的母亲
把坏消息埋在心底
我还要挖一个坑
告诉每一个路人
每一棵树都有不同的使命
你看那无形的树梢轻轻晃动
你看那个树下的人
正在使劲地挥舞惊喜
收获不幸

彩虹出现的时候

松树洗过之后松针是明亮的
河流浑浊，像一截短裤
路在翻山
而山在爬坡
画眉在沟渠边鸣叫
卷尾鸟在电线杆上应和
松树林的这边是松树
松树林的那边除了松树
还有一群站在弧光里的人
他们仰着头
他们身后的牲畜也仰着头

给羊羔拍照

你那么小的样子让人想到了无
要是无多好啊，就不会有
往后的辛劳和无辜了
你那么雪白的颜色让人想到了有
要是有多好啊，就不会担心
来到这世上的初衷了
从寻找妈妈起步
到妈妈先走一步
你那么柔弱的样子让人想到了眼泪
调皮的时候想流下来
温顺的时候也想流下来
你那么心甘情愿的样子
多像一根青草粘在嘴角
你甩也甩不掉
你还没有学会吃它
还没有见识过人世间的辜负

XII
I
II
III
IIII
V
VI
VII
VIII
XI
X
XI

画表的人

时间停顿在六岁那年初夏
时针指向下午 4 点
分针指向 30
秒针归 0
我还记得，你画表盘的样子
笔芯划过我还没来得及长汗毛的手腕
我喊疼的时候，你也龇牙咧嘴
后来轮到你喊疼了
我在你细嫩的左腕上画出了圆满
和单一：三根指针归零
我们的故事没有结束没有开始

怎么办

一只母鸡抱窝了
它不吃不喝
它一动不动
每天我去看它一会儿
还是这只母鸡
还是同一种姿势
蹲在那里。我想看明白
鸡蛋是怎样变成鸡的
将近一个月过去了
有天晚上
我在梦里
一群雏鸡
从黑暗中破壳而出
摇摇晃晃
来到了更黑暗的人世
还是那只母鸡

它的表情还是
那种无悲无喜的样子
我在雏鸡的嘤嘤声中
数着满地的蛋壳
有些血丝
有些茸毛

匠　心

在刨花中木头消逝
在木头中树木变质
在树木中不见森林

老张的工作就是把一种物质转移
变成另外一种物质
将几何学变成一桩手艺

一辈子打造一把椅子
但他从不坐，在站立中他完成了
作为工匠的一生
却永远没有完成这样一把椅子

我幼年时期就被他的锯刨声吸引
我问他准备做一把什么样的椅子
他回答：一把不让人坐的椅子

我问他什么时候能完成，他回答：明天

明天，我长大了，屁股磨出了茧子
可老张还站在原地，在刨花中
他生根，他发芽，在敲打声里
他的牙齿所剩无几

一把不让人坐的椅子是否成立？
我怀疑，但我更愿意相信
真有这样的人在行动着，仿佛一块木屑
在密林深处寻找自己的前生

翻　山

山那边什么都没有
我怎么知道
太阳落下去了
天还是亮的
月亮升起来
天却黑了
我怎么知道
那些人从山那边回来
说山那边还有山
太阳一直往下落
月亮一直往上升
昨晚出现过星星的地方
今晚还空着

突然发现

乌龟的牙齿缩在肉里
蚯蚓把自己一分为二
握鼠标的手热衷于点击，已经丧失了
抚摸的能力……突然发现
你去过的高山都在变矮
熟悉的，陌生了
陌生的，不存在
惟有一个地方还有耐心
还在等待
每一件新衣裳都属于故人

摇　窝

一个女人坐在摇窝旁
用手，用脚
用膝盖、胳膊肘
用身体的任意部位
触碰摇窝
只要摇窝晃动
世界就是安静的
我见过这个女人
我见识过安静的生活
阳光穿过我们头顶的楝树
树叶颤抖而楝果沉着
有人路过这棵树
站在天空打量我
有人在远方喊她
她放下毛线活儿直起身来
摇窝依然在晃动

和婴儿说话的人

和婴儿说话的人背对我
坐在小花园的条凳上
我以为她在自言自语
走近了才看见她怀抱里的女婴
这是雨后清明的一天
新鲜的树叶在微风中颤栗
我所热爱的世界已经很小了
现在缩成了一个怀抱
我在怀抱外无限眷念地望着
我在怀抱里“呀呀咿咿”

废园所见

南瓜藤爬到处暑后就不肯再往前走了
肥厚的叶片上长满了白毛
这朵南瓜花快蔫了
那朵正在兴头上
南瓜举着拳头
誓言今生又白活了
而我又看见了童年时的那一幕
如此真切却不真实
——父亲用竹竿撩起藤蔓搭在树枝上
南瓜后来就变成了灯笼——
如此明亮几近恍惚

小魔障

你是我的小魔障：饮鸩止渴
你是我的小魔障：亡羊补牢
你是我的
短处，命门，死穴
群山在望，你是我的白内障
你是一个人
闲逛至此的，又是独自抽身而去的
你是真实与空虚的
混合物，是酒瓶，可酒已喝干；是酒
却没有容器能够盛装
你是苦涩的唾液，流感季节的扁桃体
秋天到了，你是脚板粘满果泥的
小调皮，小玩笑
小魔障
今生我无法克服梦游症
来世我要当木匠，走遍世界

只为找一截马桑木
打一副舒适的棺材，厚葬
那些说过的梦话

当花旦年事已高

当花旦年事已高
躲在各种角落里睡觉
不再像一条狗
耳朵聋了
眼睛里长满了白内障
再也啃不动大块骨头
当我说服它来到户外
晚春的风吹拂它散漫的毛
而它怔怔地望着虚空
细眯的眼睛里仿佛有泪水涌动
仿佛有一种生活
终于被看穿了
尽头不过是年幼的它
也像这样站在风中
也像这般眼泪汪汪

咏春调

我母亲从来没有穿过花衣服
这是不是意味着
她从来就没有快乐过？
春天来了，但是最后一个春天
我背着她从医院回家
在屋后的小路上
她曾附在我耳边幽幽地说道：
“儿啊，我死后一定不让你梦到我
免得你害怕。我很知足，我很幸福。”
十八年来，每当冬去春来
我都会想起那天下午
我背着不幸的母亲走
在开满鲜花的路上
一边走一边哭

动物之心

——给顶儿

再过几天就是你十六岁的生日
“亲爱的，”早上醒来看见你剩在餐桌上的
半杯牛奶和一堆碎蛋壳，我念叨：亲爱的
这些天，我一直想当面对你说
结果只能默默地
对你杂乱的书桌说
对你塞进洗衣机里的外套说
对你上学的那段水泥路、街道，对你路过的
穷人、富人，对你带动的空气，说
“亲爱的！”
我渐渐变成了一个心口不一的人
一个色厉内荏的人
一个碎嘴的男人——而这恰恰是我
用了四十年时间来反对的
我渐渐变成了我的敌人

亲爱的女儿
终有一天，你也会用恨的方式表达爱意
而这一切
缘于我们都有一颗动物之心

小实验

从冰箱里摸出两只鸡蛋
必定有一只是主动的
被动的那只在左手，有点沉
你试着用力试着
让它们相互搏击
先破碎的，必定是右手的那只
每次都是这样
现在，它们沉浸在碗底
再也区分不了主动与被动
你拿起一对筷子搅拌它们
你越搅越快，等到你慢下来
油锅已经不耐烦了
每次都是这样
每一口油锅都缺少耐心

正午的素描

莲花开了

荷塘拥挤

蜻蜓凭空推送着

一个个十字架

降落在草尖上

少年举着荷叶

在正午

在恍惚中

热浪轻浮

没有人在意原先站立的鱼漂

已经躺倒了

没有人会想到

昨天放生的鲤鱼

今天又咬钩了

莲花安静地开

野草蹿过来抱住了

他和我的脚踝

捡鸡蛋

天黑之前最后一件事
由我来干：捡鸡蛋
搬两块砖头垫在脚下
我终于够到了鸡窝
摸遍每一个角落
把鸡蛋轻轻放进葫芦瓢
惊惶的鸡笼这才彻底安静了下来
我跨进门槛返身插上门闩
仍有凉意从门缝挤进屋
我从来没有告诉过父母
那一刻我的心跳有多快

一种味道

初生婴儿的味道
纯肉体的味道
是火中取栗的味道
勇敢者的游戏带来了黑暗中的薪火
我抱过你，像抱着
人世间全部的喜悦和悲伤
我用尽了全部的力气
因为不知轻重
我亲吻你，带着人世间的浊气
再也没有比我们相遇更加悲哀的事了

垂向地面的枝条

三个石榴越长越大
今天我看见
它们把那根树枝拉到地面来了
它们一边拉一边害怕
附近在落叶
蝉鸣声也越来越大了

冬青树

我在冬青树上睡了一宿
那年我五岁
被父亲赶上了冬青树
我抱着树干唱了一会儿歌
夜鸟在竹林里振翅
我安静的时候它们也安静了下来
我们都安静的时候
只有月亮在天上奔走
只有妈妈倚着门框在哭

蒲公英永远是对的

蒲公英永远是对的
她有权力随心所欲地飞
她永远用一种姿势飞
但在不同的天空各有其名——
尿床草
黄花郎
婆婆丁
奶汁草
残飞坠……
为了在暗处看见她
今天我百度了一下
“对不起，我想你了。”

秋　葵

秋葵怎么做都好吃
怎么念都好听
我记得第一次带你吃它的情形
那是一个夏天
我俩坐在楚灶王的窗边
我一边翻着菜谱一边指着秋葵
说：这个好吃！
我记得你自始至终
一副心满意足的样子
那也是我第一次吃秋葵
第一次觉得我们不在一起
多可惜

滚铁环

我滚过的最大的铁环
是一只永久自行车的轮圈
我用弯钩推着它
摇摇晃晃地上路
八月的星空
高高的谷堆
我沿着晒谷场一边跑
一边想象着黑暗的尽头
当我越跑越快
铁环溅出了火花
我感觉自己已将黑暗推开
而身处黑暗中的父母放下蒲扇
紧张地望着我
看见我消逝在了黑暗深处

度　量

走到一棵槐树旁，它比我高
走到一棵桃树旁，它也比我高
走到一棵橘树旁，我在想
这世上是否有这样一棵树：它
由我亲手栽种，却仍然矮小于我?
走到童年的伙伴身边，走到他儿子身边
站在他们父子之间
高大的儿子还在发育，有一天他
也会在这群草木中接受
被超越的现实，皮尺无法丈量的
现实需要身体去抵消
此刻，我与你，背对背
眼中各含一座山岗
你翻过去就看见了你父亲的坟
我翻过去就看见了我母亲的

自行车的故事

从前有一位女孩
总爱坐在自行车的后座上
铃铛响亮
裙摆里面装满了风
从前有一辆自行车
后座上总是坐着这位女孩
其他的自行车都围绕着它转
从宽阔的操场到拥挤的马路
所有的车都迷失了方向
春天到了郊外
山坡上开满了杜鹃
所有的自行车都从城里驶出来
铃铛一路响啊，直到这位女孩
从后座上来到了前杆上
插满杜鹃花的自行车队
静静地擦过了那个春天

抱　树

三个男孩子合抱一棵银杏
短缺的部分由一位女孩补上
四张脸蛋仰望树梢
四双眼睛顺着树枝往上爬
密密匝匝的银杏叶为他们洒落了一地
为他们曾经有过的
手牵手的
这一日
这棵银杏树年复一年
以相似的模样守候在相同的地方
却再也不见同时出现
在树下的他们
每当落叶季到来的时候
总有人绕树三匝
希望在树后遇见想见的人

作物的秘密

白菜的邻居永远是萝卜
青椒的周围是苦瓜和豇豆
丝瓜走亲戚路上会遇到葫芦
我兄弟领着我
一会儿像地主
一会儿像奴仆
松树看见他拎了把斧头
荆条看见我拿了把镰刀

从音乐学院到实验中学

从音乐学院到实验中学
昨天我走了三千零六十八步
一千步是彭刘杨邮局
两千步是司门口天桥
三千步是中百仓储
我记下它们，以便
替今天作这样的辩护：
“哦，这不是重复，是必需！”
而今天，我还会这样走——
五点钟下楼
五点零五分是实验小学
五点十分是工商银行大楼
五点二十分是户部巷口
五点三十三分我加入攒动的人头
在千百件校服中间
搜寻这只饭盒的主人

我还会捂着温热的盒底
像一个托钵僧
站在梧桐树下，夕光越过树梢
俗世潦草，所谓幸福
就是用手去触摸一个人的额头

晚　归

有些香樟树的叶子到了春天才会落下
没有人清楚树上的事情
昨晚我喝酒了
走过晕乎乎的路灯
落叶安静地落
最安静的叶子顺着风走

开　花

我不再记得最早看见的花是什么
我出生在仲秋，睁眼看她们
应该是在初冬了
我有两个姐姐：
一个名字里含有“梅”
一个名字里含着“菊”
应该是她们轮换推动摇窝
逗弄摇窝里的我咯咯笑
我来到户外的时候是一个小老头
发丝淡黄，皮肤干瘪多皱
太阳烤着包裹我的襁褓
打过霜的田间地头热气腾腾
我在刺眼的阳光下不安地扭动
等我安静下来，看见四周
全是黑乎乎的探向我的脸
我被父亲抱着的时候

我的姐姐们踮着脚，只有当母亲
给我喂奶时，我才能看见她们的傻笑
那是花吗？我不知道
我甚至不知道插在她们身上的
梅和菊是否开过

植物之爱

一朵百合爱上了另外一朵百合
它该怎么办
一株荷花在六月的凌晨开了
一眼就看上了身边的另外一株荷花
霞光撩开花蕊
它们各自抖落露水，等候
倒影在一起的那一刻
光阴蠕动，此消彼长
一条鲤鱼搅动的波浪断送了它们的念想
一只蜻蜓飞来，一群豆娘
曲身停靠在睡莲的美梦中
蝴蝶扇起的风推醒了凤尾兰
金钟花倒挂在竹篱上
蜜蜂过来将它们一一敲响

尾随一株白菜出城

在斤斤计较的人群中，我看中了
一株白菜，它脚趾间有新泥
它绿衫上有露水
我看中了它，然后，我买下了
这个缺斤短两的城市的早晨

白菜，你是怎样蹒跚而来的，仿佛
喘息未定的信使，带给我
关于土地、乡村和母亲的片言只语？

久未生活了，我一直在病
我告诉自己，我仍然是从前的那位少年
只不过偶尔偏离了少年的梦境
而现在，我必须承认
对自己撒谎就是在对时间犯罪

我抚摸着昂贵的新泥，想像你
在薄雾的早晨混迹于赶集的人群中的样子
你的爱耍小聪明的主人
当年，我也见识过我的父亲
怎样将沙子掺进谷粒，用农民的伎俩
对付城里人挑剔的眼睛

现在我可以原谅这一切了
原谅那个把泥土带进我生活中的人
并且感激这株白菜所含的水分
我看了看天色，决定尾随它出城

蘑菇说，木耳听

一朵蘑菇与一只木耳共一个浴盆
两个干货飘在水面上
相互瞧不起对方
这样黑，这样干瘪
就这样对峙了一夜
天亮后，两个胖子挤在水里
蘑菇说："酱紫，酱紫……"
木耳听见了，但木耳不回答
蘑菇与木耳都想回神农架

最深的夜

拿一支手电筒在空中乱晃
举着一束光去见满天星光
那天晚上我们顺着
灰白的小路往山岗上走
最前面的人紧握手电筒
落在最后面的
一直想超过前面的那个
当我们推推攘攘爬上山头
电池已经微弱得无法照见
彼此的容貌
磷火在山坡上游荡
星光闪烁，那个盛夏
最深的地方依旧漆黑
没有一颗星星能安慰另外一颗

给你看样东西

好话已经说完，倘若还有赞美
应该献给那些隐匿的星辰
遥远的年代，亲切的山冈
小男孩拦住慵懒的青年人：
“给，给你看样东西……”
他期待他从裤袋里掏出多余的手指
而他却固执地将他牵扯到水泥球场外：
“那里有一颗星星！”
他们一起眯着眼睛在天上找
那是一个清朗的秋天
午后的山岗仿佛被刷过树脂漆
小男孩蘸着涕泪的手指
有着无中生有的能力
那儿，对，就是那儿

一颗灰白的无名星

正努力接近有名

尽管他和他都没有命名权

尽管那样东西几乎不存在

上花坡

拳参、柴胡、漏芦、毛建草和麻花头……
我叫你们的时候，你们惊讶地望着我
我叫你们的时候，你们要簇拥我
紧随我去世界的尽头生活
蓝天、白云、阳光和月亮，还有风
我叫你们的时候，你们要
同时出现在这面山坡上，你们要
相互包容，彼此印证和成就
我们在世界的尽头同织一床百衲被
我们在光天化日下各做各的梦
也将因为这些梦的圆满、遗憾和残破
而丰饶，而配得上曾经受过的苦

雏鸡的黄昏

槐花到了晚上还是白的
附近的天空也是
母鸡一簇一簇蹲在院子里
翅膀收敛有如帐篷
雏鸡在篷沿探头探脑
有几只胆大的突然溜了出去
又惊惶地跑了回来
为了笼罩它们
母鸡不停地挪动肚皮
夜色在移动
槐花头顶星光一动不动

天太凉了有点冷

从北方来的云遇到了从南方来的云
它们在天上推推搡搡
它们是我最早见过的大象、老虎和神
已经下过雨了
风把树叶掀开就能看见杏子、桃子和李子
我从一棵树上蹿到另一棵树上
我在变幻的云朵下面模拟过
一切遥远之物的影子
神秘的不是它们，是我自己

什么是飞禽，什么是走兽

我的小狗永远不明白它属于哪儿
与猫争夺耗子
与麻雀争抢草坪
今天晌午，为驱逐一只苍蝇
它一头撞上了仙人球
在给它拔刺的时候
它眼睛里有我
在我心目中，它人模狗样
自由与禁锢挤压出
这样一个泪汪汪的怪物
既勇敢又怯懦。我的小狗不明白
飞禽有飞禽的弹道
走兽有走兽的迷途
而裂开的人缝不是为了便于它穿梭

是为了对应天上的那些窟窿

那些被我们误以为是出路的

大悲伤

拔萝卜

我对萝卜的兴趣大于红薯
我对红皮萝卜的兴趣多过了白皮萝卜
我对紧紧拽着萝卜的那些泥土充满了好奇
我认为蚯蚓的工作过于神秘，而我父亲也是神秘的
——他早出晚归，却两手空空
有天傍晚，他在菜园里大喊大叫——
他遇到了难题：在一群半裸的萝卜中
他需要拔出三棵，结果所有的萝卜都松动了
他必须把所有的萝卜一一拔出来
而他认为这不合时宜
我记得那是一个初冬的傍晚
月亮清冷，堰塘在收缩
全家人都缩起衣袖安静地洗萝卜
我也跑前跑后，拎着萝卜缨唱着歌

如何将紧攥的拳头掰开

人生中第一次使出
吃奶的力气
应该是在那天下午
我面对一只紧攥的拳头
试图将它掰开
我用双手拽住了
那个人的大拇指
我以为掰倒了它
他就会松手
可我用尽了力气
也只能挂在那根指头上
他的拳头依然紧攥着
我又去吃奶补充力气
我又去寻找另外一只紧攥的拳头
直到有一天我也有了
一只紧攥的拳头

我时常紧握着它
重温我在母亲怀抱里的动作
我曾经那样用力活过
紧攥的拳头里
究竟包含了什么

交　换

拿一枚鸡蛋去交换一枚鸭蛋
哪一个更划算?
拿一枚刚刚从自家鸡窝里捡拾的鸡蛋
去七月的岩子河边
找牧鸭女交换一枚鸭蛋
哪一个更划算?
鸡蛋小而鸭蛋大
鸡蛋少而鸭蛋多
哪一个更划算?
我站在七月的河边，远远地
望着溯流而上的鸭群
鸭毛漫天飞舞
牧鸭女身后拖拽着一根竹竿
我一遍一遍地摩挲着口袋里的鸡蛋
想象着搁浅在河床上的鸭蛋
许多年过去了我还记得

那位从下游来的女孩

蓬松而卷曲的头发

被阳光烫伤了的鸭蛋型的脸

余　生

举着一根火柴走到窗前看暴雨
举着
一根燃烧的火柴
一根虎头蛇尾的火柴，举着
火焰的模型

暴雨漆黑，他看不见
看暴雨的人不停地擦脸
六月的汗水近乎热泪
六月的雨点拍打白铁皮

他想起早年写下的
那句诗：“闪电划过，神在拍照。”
他想起更多的往事
身体缩小
团成一滴

三个小女孩和一只雏鸡

缓慢地走动，进入正午
我要腾出一座花园来唱歌

三个小女孩和一只雏鸡
我要腾出一只手来搀扶路边的花束

比大的更大
比小的更小
这是我灵魂中形同虚设的一幕

这是我摆放在阳光里的事物
三个小女孩和一只雏鸡

她们缓慢的走动，如同甜美的字词句
在自由组合
却又走不出春天的内容

却又不能不热爱这白日之梦
我唱着这支歌
直到她们步入天幕

抓一把硬币逛菜市

每当活不下去的时候
我会立即起身
从鞋柜上的钱罐里
抓起一把硬币
去菜市场闲逛
每当我叮当作响
走在人群中，内心里
有一种无法抑制的快乐在涌动
这快乐近似于我小时候
摇晃着积攒的钱罐
站在榆钱树下等候货郎的身影
我在五颜六色的菜市摊旁
一遍又一遍走着
当硬币花光时
某种一名不文的满足感
让我看上去不是一般的幸福

会笑的人已经不多了

把别人的孩子抱在自己的怀里
先把他弄哭了然后
再把他逗笑——这不是
一件容易的事情
给他看阳光，花朵
摇响你手中的拨浪鼓
给他看你年轻时候的笑容——
这不是抹去皱纹就能够还原的生活
会笑的人已经不多了
会哭的人也是
把别人的孩子抱在自己的胸口
紧紧的
抱着哭
抱住笑
你能给自己的已经越来越少

一杆秤

杀牛的那天下午
我们坐在田坎上把玩一杆秤
漆黑油腻的秤杆上
有一串白色的模糊的星星
秤钩又亮又尖
秤砣又大又沉
全村的人都来了
欢天喜地地围着一口大铁锅
杀牛的那天下午
我们在沸腾的铁锅旁
央求屠夫
将我们每个人都挂在铁钩上
称一称
当我蜷着腿离开地面时
我第一次知道了
自己的斤两

最好的诗

——给小话

最好的诗应该在两个人之间发生
譬如我和你，譬如你和另外
一个你；最好的诗
像昨晚来到世上的那只羊羔
今晨以世间所有的活物为母亲
最好是这样：你叼着一根青草
从梨花树下跑到桃花树下
结果浑身落满了李子花
最好不要结果啊
花一直开，一直这样开
像你在夜色中手握方向盘
让探头灯替你去翻山越岭

中午吃什么

我还没有灶台高的时候
总是喜欢踮着脚尖
站在母亲身前朝锅里瞅
冒着热气的大锅
盖上了木盖的大锅
我喜欢问她中午吃什么
安静的厨房里
柴火燃烧的声音也是安静的
厨房外面，太阳正在天井上面燃烧
我帮母亲摆好碗筷之后
就在台阶上安静地坐着
等候家人一个一个进屋
他们也喜欢问中午吃什么

夏日一幕

蛙鸣过后应该是蝉鸣
应该是知了让树林安静
抬头望去
满眼尽是连体胎儿
桃子和桃子，和桃子
酸与甜……
更远的地方
麦田黄，竹叶青
乌云翻过山了
乌云在山坡上滚
池塘里浮出若干张嘴
应该是鱼吻
又轻柔又绝望
像梦中曾经的事

应该是石子落下了

而不是暴雨将至

走亲戚的人迎面碰上了亲戚

怀抱鲜花的少女

怀抱鲜花的少女走在马路上
昨天我在心里赞美了她
今天这赞美还未消逝，我还在回味
怀抱、鲜花、少女——
这几个越用越昂贵的词
今天雾霾依旧深重
少女依然无名无姓
但怀抱温暖，鲜花灿烂
被赞美过的光阴像一把石镰
敲打着暗夜里的一块火石

早上记下的

春雨从凌晨走到早上后就停下了
密集的雨脚踩乱了很多人的梦
而春水还得往下流
买早点的人走在路上
他想起昨晚梦见过她
却想不起她为什么会来到他的梦中
一天是这样开始的：
你从那里朝我这里走来
我从这里朝你那里走去

如何在诗中吹响一支柳笛

东湖的垂柳全绿了
细嫩的柳枝在风中摇来摆去
我过去看我的倒影
如何被湖水澄清——
那是一个少年踮起脚尖
使劲拽拉折断一根柳条
那是一把小刀轻轻
划开了树皮，褪下树皮
我过去拿着一截翠绿的管子
对着空濛的湖面
心无旁骛地吹——
我看见他鼓起的腮帮
当他使劲吹的时候
周围的人都屏住了呼吸
当他轻轻吹的时候
附近的鸟儿都应和了起来

柳枝摇摆，风轻云淡
我有过这样的过去就像
今天是今生多出来的一日

春雨中

大姐发来一张照片
蹲在自家的油菜花丛中
金黄的春光放大了她的笑容
我正在炒菜，用她托侄子
给我带来的菜籽油
看一眼照片，再瞅一眼
热气腾涌的不粘锅。我想告诉她
这菜籽油香极了
外面在下雨
好多天了。这雨时断时续
落在我们目力所及的地方
该开的花都开了
该说的话总让人觉得难为情

比　手

我越来越害怕在家人面前
伸出手来，这双手过于白皙
时常插在充满歉疚的口袋中
因无能为力而无力自拔
有一天晚上
全家人都围坐在炉火旁
只有我兄弟还在户外
就着尚未结冰的水清洗藕泥
直到我出门解手才顺道
把他喊进屋
天寒地冻，却并未下雪
我们哆嗦着
在水龙头下面洗净手
回到火炉边烤火
白炽灯静静地照着
六七颗亲人的头颅

热气在我俩的指缝间缠绕
仿佛小时候我们共用过的
那块经年的毛巾布
我兄弟突然伸出手来
拉过我的手，轻轻摩挲
而后笑道：“这才是手。”

裙带菜和圣女果

当生活被简化成了吃什么
怎么吃就成了问题
多新鲜哪，但新鲜的
还不是问题本身而是
猿猴面对坚果，举在它头顶上的
石头是不是太久太重了？
我在足不出户的日子里
一遍遍用清水擦洗愁容
然后回到网路上走马观花
刚才我在淘宝上闲逛
看见了裙带菜，和圣女果
毫不犹豫下了单，并嘱咐
满面笑容的客服：“最好不要
用中通发货啊，我这里不好收。”

“我们用顺丰。”她回复道
多新鲜哪，如果还有期待
那么这就还不是最坏的生活

烟道之诗

我家的烟道出了故障
这些天别人家炒菜的时候
气味就会在我家乱窜
风扇怎么也无法排出
物业不来人
我又不擅长爬进烟道
查看究竟是什么堵住了它
更不可能上楼挨家挨户打听
谁家在炒辣椒肉丝
谁家在炖萝卜牛腩
每次饭后我们坐在客厅里
闻着别人家的味道
逐一排查楼上住户的习性
时间久了就仿佛熟悉了
这些平日里懒得走动的近邻
有时候我在楼下碰见某人

很想上去问一问："昨晚
你们家是不是吃了榨辣椒？"
但终究觉得生活的趣味在于
它的私密性，就像我是诗人
但我绝不是
在光天化日下写诗的那个人

像一把刀子

握一枚铁钉
走八里路去
见一段铁轨
火车从八里开外驶来
轰隆隆的震颤声
让小小的铁钉颤抖不已
我躲在不远处的坟堆后面
等候列车驶过
直到轰隆隆的声音消逝
在怦怦的心跳声中
才回到铁轨旁
在枕木上找到
那枚铁钉，哦
它已经不是一枚钉子

它已经变成了一把小刀

回家的路上

我用拇指的血

为它开过刃

汉阳门的春天

我在走投无路的时候
常常会来到汉阳门
通常那里会有很多人
聚在桥下看江景
大江东去的声音在心中回旋
很少有人听见
我也像游人一般
凭栏眺望
春天又来了
少女把下巴搁在亲爱的肩膀上
她多想就这样
一言不发
一辈子
梅花落完之后

白玉兰又开了

火车穿过我们的头顶

江水绵绵不绝

仿佛是上辈子的事情

无　题

给每一只鸟取上一个名字
像它们的叫声一样
朗朗上口，如此简单的事情
几乎耗尽了我全部的心智
凌晨五点，我从盥洗间
来到书房窗前的沙发床上
重新躺下，想象自己
是一位初来乍到的代课老师
即将第一次走进教室
站在门外深呼吸
门里面吵声一片
我听见它们的欢呼声
也像它们的哀求

捉光的人

能被人捉住的光亮
惟有萤火，其余的
要么放任要么熄灭
我想起去年夏天在蔡甸
朋友们在灯光下读完诗
然后返回到各自的夜空
巨大的黑暗是我们共同的归宿
我想起我的朋友魏天无
那天晚上他需要萤火虫
于是就真的飞过来一只
萤火虫。那是去年夏天
几乎就是去年的今天
我的手在黑暗中游走
差点就捉住了你的手